La Confiance de David
Plus Forte que les Géants

Écrit par
Stephanie Tokpe

Illustré par
Hadirat Yinka

Heart Like His Press

Imprimé aux États-Unis d'Amérique
ISBN : 979-8-9998173-4-1
Publié par Heart Like His Press
www.HeartLikeHisPress.com

DÉDICACE

À mon premier filleul, David Kodjo,
Tes yeux s'illuminent chaque fois que nous parlons de la Bible, et te voir lire la Parole de Dieu tout seul, si jeune, remplit mon cœur d'une profonde joie. Être ta marraine est l'un de mes plus grands trésors.

Je dédie aussi ce livre à tous mes neveux et nièces, qui ne manquent jamais de m'accompagner à l'église chaque dimanche.

Et à tous les petits cœurs qui apprennent à faire confiance à Dieu,

Cette histoire est pour vous !

Josué 1:9 (PDV 2017) "Je t'ai commandé d'être fort et courageux. Ne tremble pas, n'aie pas peur, car moi, le Seigneur ton Dieu, je serai avec toi partout où tu iras."

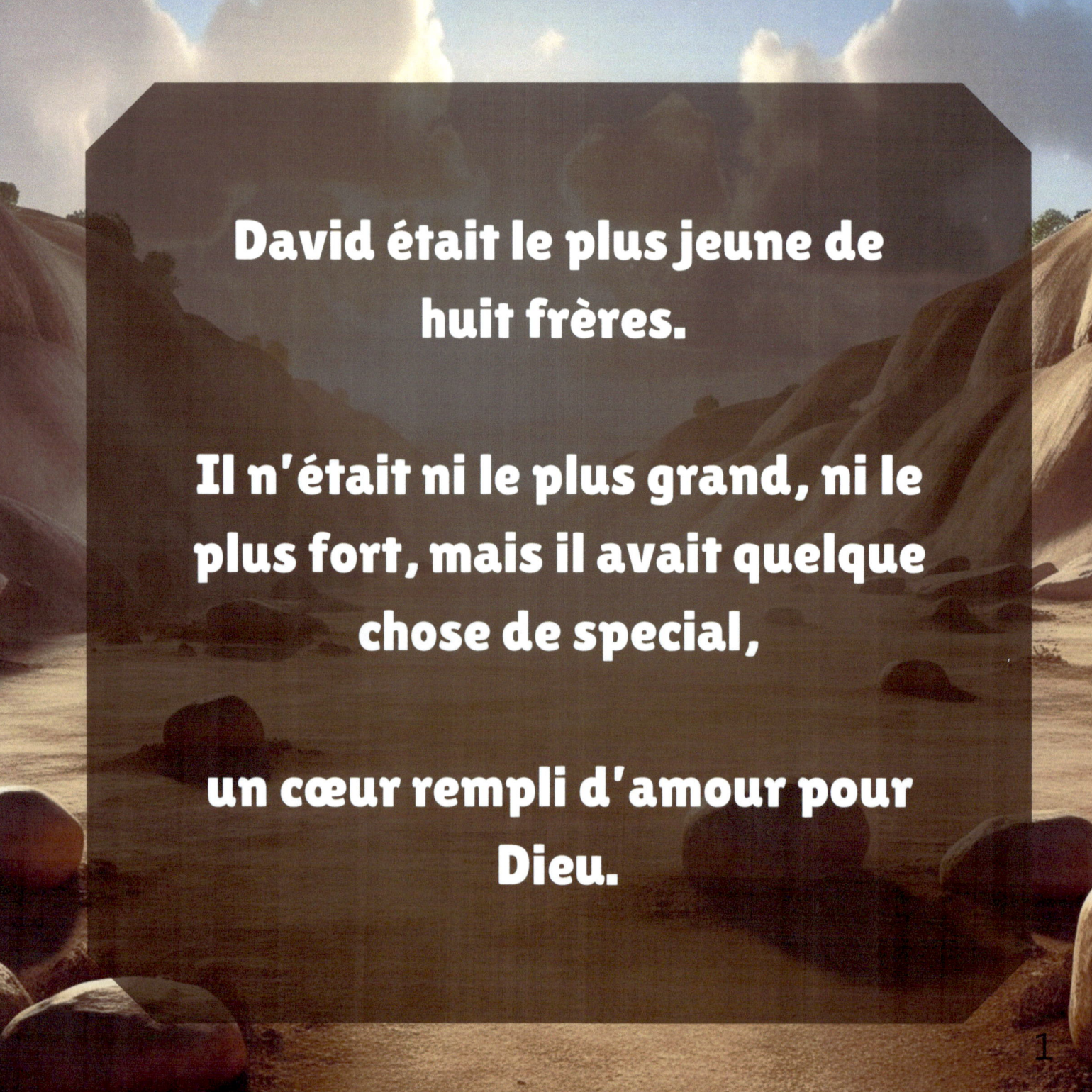

David était le plus jeune de huit frères.

Il n'était ni le plus grand, ni le plus fort, mais il avait quelque chose de special,

un cœur rempli d'amour pour Dieu.

David passait ses journées dans les collines de Bethléem, à garder les moutons de son père.

Il jouait de la harpe, chantait des chants de louange, et faisait confiance à Dieu de tout son cœur.

4

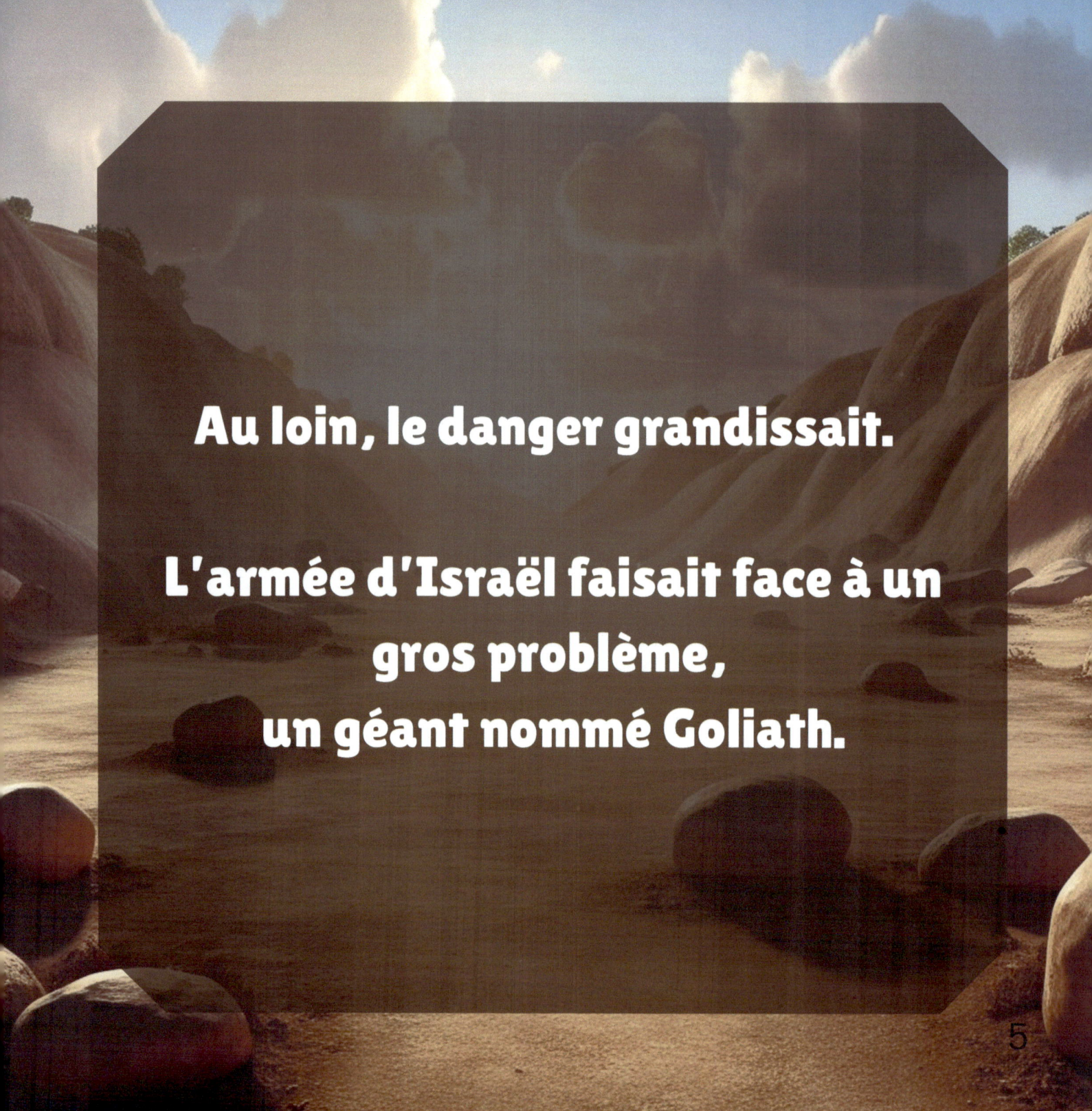

Au loin, le danger grandissait.

L'armée d'Israël faisait face à un
gros problème,
un géant nommé Goliath.

Goliath était grand et méchant. Il portait une lourde armure de bronze et criait des mots très effrayants à travers la vallée.

«Envoyez-moi quelqu'un pour me combattre! » rugit-il.

Mais les Israélites avaient peur. Personne n'osait avancer.

8

Un jour, le père de David, Jessé, dit :

« Apporte cette nourriture à tes frères sur le champ de bataille.»

Alors David prit du pain et du fromage et se hâta vers le camp de l'armée.

À son arrivée, il entendit une voix qui grondait. C'était Goliath, encore en train de crier !
David vit les soldats trembler de peur.

« Pourquoi personne ne se bat contre lui ? » demanda David.

« Il insulte l'armée de Dieu ! »

12

David se tint devant le roi Saül et dit :
«Moi, je combattrai le géant.»

Le roi le regarda, surpris.

«Tu n'es qu'un garçon,» dit Saül.

Mais David répondit :
«J'ai combattu des lions et d'autres animaux sauvages pour protéger mes moutons. Le Seigneur qui m'a aidé alors m'aidera encore aujourd'hui!»

Le roi Saül dit :
« Va. Et que le Seigneur soit avec toi. »

David ne porta pas d'armure. Il ne prit pas d'épée. À la place, il ramassa cinq petites pierres rondes et les mit dans son sac de berger.

16

Avec une fronde à la main et Dieu dans son cœur, David s'avança sur le terrain de combat.

Goliath éclata de rire en le voyant.

«Suis-je un chien, pour que tu viennes te battre contre moi avec des bâtons?» cria-t-il.

Mais David ne recula pas. «Tu viens avec une épée et une lance,» dit-il,

«mais moi, je viens au nom du Seigneur ! »

«La bataille appartient à Dieu !» cria David,

«et aujourd'hui, c'est Lui qui me donnera la victoire!»

Goliath s'approcha.
David courut en avant, aussi vite qu'il put !

Il plongea sa main dans son sac, prit une pierre, et fit tourner sa fronde, encore et encore…

FIOU—CRAC !

La pierre vola dans les airs
et toucha Goliath en plein front.

BOUM!

Le géant s'écroula par terre !

24

Avec seulement une fronde et une pierre, David vainquit le grand soldat.

Dieu l'avait aidé, exactement comme David le croyait !

26

Tous ceux qui regardaient
étaient très surpris.

«Qui est ce jeune homme
courageux ?» demanda le roi
Saül.

David sourit et dit :
« Je suis David, fils de Jessé
de Bethléem. »

ACTIVITÉ PARENT – ENFANT

Le géant de David était Goliath. Mais parfois, nos géants ont d'autres visages. Ca peut être des soucis, des peurs, ou des difficultés à l'école ou avec des amis.

👩‍👧 Discutez-en Ensemble :

– Quelle est une chose difficile pour toi en ce moment ?
– Comment peux-tu être courageux(se) comme David face à cela ?
– Comment la confiance en Dieu peut-elle aider quand tout paraît trop grand ?

30

Aider votre enfant à réfléchir

💡 *Voici quelques idées pour guider la discussion:*

1. Ne laisse pas ta taille te définir : David était petit et jeune, mais Dieu l'a rendu fort. Rappelle à ton enfant qu'avec Dieu, il/elle est déjà assez grand(e) pour accomplir de belles choses.

2. Les petites victoires préparent aux grandes : Le courage de David a grandi en protégeant ses moutons contre les lions et les autres animaux sauvages. Encourage ton enfant : même les petits choix comme être gentil ou dire la verité, sont un entraînement pour de plus grands défis.

3. Sois toi-même : L'armure de roi Saül n'allait pas à David. Il utilisa ce qui lui convenait, une fronde et des pierres. Montre à ton enfant que Dieu lui a donné des dons uniques et une personnalité spéciale. Être soi-même est sa plus grande force.

4. La foi est plus forte que la peur : L'armée voyait Goliath comme trop grand, mais David disait : « La bataille est au Seigneur. » Aide ton enfant à voir que la foi rend Dieu plus grand que n'importe quel problème.

5. Ta victoire aide les autres : Quand David a vaincu Goliath, tout le peuple s'est réjoui. Rappelle à ton enfant que son courage et sa confiance peuvent inspirer et encourager ses amis, frères, sœurs ou camarades de classe.

Chaque enfant affrontera des géants.

Mais avec la foi, le courage et l'aide de Dieu, même le plus petit cœur peut remporter de grandes victoires et inspirer les autres à faire de même.

SOIS COURAGEUX COMME DAVID !

HEART

LIKE HIS
PRESS
Stories that shape little hearts
to be like His.

www.ingramcontent.com/pod-product-compliance
Lightning Source LLC
Chambersburg PA
CBHW041557120626
46551CB00002B/235